Margot Weinand

AF198928

# Lebensfreude

Gedichte gereimt und ungereimt

Impressum
1.Auflage
Juli 2020
Alle Texte und Fotos Margot Weinand
Herstellung und Verlag:
BoD- Books on Demand, Norderstedt
Printed in Germany
ISBN 9783750498815

9 783750 498815

## Vorwort

Dieser Gedichtband
ist eine Zusammenfassung
vieler Gedanken
der Vergangenheit
der Gegenwart
und der Zukunft
darüber nachzudenken
Mein Motto ist
*Für alle Momente des Lebens, ein Gedicht*
Sie werden es beim Lesen wiederfinden.
Ich wünsche Ihnen dabei, die gleiche Freude,
wie ich sie beim Schreiben hatte.

Ihre
   Margot Weinand

## Nur du

Stunden ohne dich sind leer.
Blicke auf die Uhr,
achte auf Schritte, mir fehlt Geduld
warte auf dich will die Zeit mit dir füllen,
nur mit dir.
Nutze die Zeit.

## Vergeht

Was heute prächtig blüht
wird bald zertreten
das Feuer das heut brennt
wird bald Asche sein
nichts bleibt ewig
kein Erz kein Marmorstein
heute lacht das Glück

## Kitt für ihre Seele

Schreie in der Stille überall sind Scherben.
Keiner da der hilft, Seele zerbrach.
Habe selbst versucht Scherben zu kitten.
Es gelang, aber Narben bleiben.

## Brücke des Vertrauens

Mit dir über die Brücke gehen.
Auf der du mich wirst blind verstehen.
Eine Brücke der Zuversicht
führt aus Dunkelheit ins Licht.
Eine Brücke der Liebe führt zum Frieden.


## Augenblicke des Glücks

Die Welt ist rund, die Welt ist bunt.
Freude zieht bunte Kreise.
Freude weckt Leben laut und leise.
Immer so, wie des Freudes Weise.


## Kleine Wünsche

Bisschen Zukunft wünsch ich mir,
täglich ein bisschen Zeit mit dir.
Ein bisschen Sonne Luft und Meer,
Schiffe fahren kreuz und quer.
Wenn  der Kreislauf ruhig wird,
wenn Gedichte auf Papier,
meine Lippen sagen leise,
es ist schön an deiner Seite.

## Kurt auf dem Felde

Kurt machte sich zu
schaffen auf dem Felde,
wollte tiefer suchen nach dem Gelde.
Es hatte alles keinen Sinn.
So war der Tag dann hin.
Fand so beim Graben nicht vom
Ei das Gelbe.


## Kriechende Zeit

Der Beatmungsschlauch macht dich fremd.
Überall Pflaster und Katheder,
suche deine Augen,
im Überlauf von Tränen.
Dein Blick bleibt trübe,
kriechend und langgezogen,
es ist als blieb die Zeit stehen.


## Kornfeld

Aus den Knospen, mohngefüllt
Sonne entfaltet ein Kleid
Windsturm trägt jedes Blatt fort,
so derTraum Kornfeld vergessen.

# Kinderspiele im Krieg

Auf dem Schulhof sitzen im Kreise
Kinder die da tauschen das Eisen.
Ist noch neu und schimmert blau.
Geformt nach dem Angriff genau.
Formen, die Phantasie entfalten.
Autos, Flugzeuge, menschliche Gestalten.
Hunger  erkennen den Schinken,
Frauen und Kinder die winken.
Blumen  wie aus dem Garten.
Früchte auf die wir schon warten
Formen, die bleiben in der Nacht.
Angriff, hat uns Angst gemacht.
Tauschen immer wieder neu
Einer kess, der andre scheu.
Unter uns ein Eifer entstand,
Splitter gingen von Hand zu Hand.
Auf Bombensplitter fixierten wir,
als Kinder vom Kohlerevier.
Erlebten, Tag und Nacht,
was Bomber aus der Stadt gemacht.
Flammen warfen helles Licht.
Es freute uns  die weite Sicht.
Ernst kannten wir Kinder selten,
Trümmerfelder unsere Welten.
Fanden Splitter schimmernd blau,
Kanten waren scharf und rau.
Immer neue Erkenntnis erworben?
Ob  Erinnerungen nicht gestorben?

## Kirmes

Die Welt ist bunt und rund,
lauter Freude jede Stund.
Ziehen kleine Kreise,
mal laut und mal leise.
Halt meinen Rock,
der leicht geklemmt im Ketten.


## Karussel

Haare im Wind fliege über Köpfe.
Laute Musik aus dem Leierkasten.
Losverkäufer schreien,
lachende Wortfetzen.
Geruch Bratwurst und türkischem Honig
Staub vermischt sich unter mir.
Bunte Kreise, Bälle, in Farben,
gelb, rot, blau und grün
nichts mehr da von grau in grau.
Tanze im Regenbogen,
freue mich meines Lebens,
genieße das Riesenglück.

## Krieg der Steine

Glänzender Asphalt
Formationen werden zu Waffen.
Von Menschen missbraucht.
Höre die Steine weinen.
Warum läßt man das nicht bleiben.
Warum solch ein Krieg,
und solch ein Feind.


## Leise und still

Kein Wind weht im Baum
Die Luft liegt im Traum.
Der Wind hat seinen Atem
eine Zeitlang still gehalten.

Wasser plätschert am Uferrand
Sie einen Stein zum Sitzen fand.

In der Nähe dieVögel zwitschern
das Gelände für sich absichern.
Fand im Einklang des Herzens.
Erlebte die Freude zu scherzen

## Wechsel durchlebt

Im Wechsel haben wir erlebt,
Erziehung nie über Allem steht.
Erziehung ist aus unserer Sicht,
oft nicht nötig, was sich schickt.
Du glaubst, wir prüfen es schon.
So denke ich, ist das der Lohn.

Daß wir am Ende, das so verstehn:
Daß das Leben gefördert werde,
es wird nicht bleiben so zu stehen.
So wollen wir am Ende glauben,
Erziehung stärket auch Vertrauen.
Vertrauen in die eig´ne Person.

Nach kurzer Zeit, merke auf,
es klappt besser, der Tageslauf.
Man wird dann noch sagen
habt Geduld, müßt nicht verzagen.
Denn das Zeitenbuch des Lebens,
Erziehung ist niemals vergebens.

## Dein Leben

Schreibe deines Lebens Zeile
auf Phantasien leichten Weise
Liebe und Licht in dein Herz.
hast das Nest deiner Liebe gebaut.
„Still, mein Herz du kennst dich aus."


## Lebe Zukunft

Habe Sorgen für die nächste Zeit.
Kann die Vergangenheit nicht vergessen.
Die Gegenwart ist wichtig


## Liebe wie eine Rose

Sie haben sich gefunden,
fühlten sich glücklich.
Er gab ihr die Liebe
Und sie ihm das Leben.

wie eine Rose, die nie vergeht
Verliert sie im Winter einmal ihre Schönheit,
blüht sie danach wieder auf.

## Vertrau der Liebe

Die dich erreicht wenn du
Mit dem Herzen sprichst.


## Leben im Glück

Sie glaubten an das Glück
Die Tage und Nächte
Plätscherten dahin
Sie warteten mal mehr
       mal weniger.

Es blieb alles wie es war
es schien als sei die Zeit verloren
sie warteten auf das Glück
sie empfanden es mal mehr
       mal weniger.

Das Glück es war da
wie immer
es war in ihnen
leise und still mal mehr
       mal weniger.

Dankbar erleben sie
Glück in ihrem Leben

## Lust zur Pause

Der Abend wird wieder schön.
Leise langsam kommt der Föhn.
Immer zeigt er sich in Bäumen.
Es rauscht und beginnt zu träumen.
Auf der Alb sind es die Wälder.

Hinter den  gepflegten Feldern,
abgegrenzt mit kleinen Hügeln,
Reiter will die Wege prüfen.
Habe Lust zur kleinen Pause.
Mein Pferd es drängt nach Hause.


## Starkes ist im Werden

Schneeflocken tanzen im Winde
mein Blick, er fällt auf die Linde,
vor dem Fenster.
Erkenne die zarten Knospen,
die dem Winter werden trotzen.

## Lied im Wind

Sie hört das Lied vom Wind erdacht.
Ersehnt die Nähe Tag und Nacht.
Er ist nicht da, sie bleibt allein.
Stille um sie, es kann nicht sein.

Vom Wind fällt zu ihren Füssen.
Ein Herzblatt, dass sie soll grüßen.
Sie nimmt es, presst es ins Buch.
Sie wartet auf ihn, denkt es ist gut.

Lauscht dem Wind, der das Lied erdacht.
Ihr Herz bewegt, lauscht und lacht.
Als später dann ist aus der Traum,
ohne ein fallendes Herz vom Baum

Lauscht sie nicht, sie lebt und liebt,
freut sich der Liebe, die sich ergibt.


## Leere Schuhe

Die Schuhe in der Ecke
träumen von Füssen,
die einmal noch Wege
mit Ihr gehen,um dabei
was auf die Beine zu stellen

## Lebensstil

Sie will leben ohne Sorgen,
hin und wieder etwas borgen.
Sie will aller Not entrinnen,
lieber Neues, jetzt beginnen.

Sie will liegen unter Bäumen,
immer schwelgen dann in Träumen.
Es bleibt die Sehnsucht nach dem Glück.
Im Herzen immer stets zurück.


## Lebenslauf

Das Leben läuft an ihr vorbei,
manches will sie vergessen.
Es gelingt nicht immer.
Sie denkt an Freundinnen ihrer Jugend.
Es gab gute und weniger gute.

Heute ist es stiller.
Aus Lachen, wurde Lächeln.
Auch Tränen rinnen langsamer
Über das faltige Gesicht.
Noch ist sie mittendrin.

## Lebenslinien

In deine Hände möchte
ich schreiben,
die Lebenslinien verlängern
und mit dir alt werden.

## Lebenslauf 2

Das Leben läuft an ihr vorbei,
sie denkt dabei so mancherlei.
Will manches auch vergessen,
was im Leben, sie besessen.
Es gelingt nicht immer,
Freundinnen die schlimmer.

Denkt an Freunde Ihrer Jugend,
weil berühmt für ihre Tugend.
Manches Leben wurde still,
hat den Eindruck Keiner will
irgend etwas Neues wagen,
es will sich niemand plagen.

Drum bleibt alles wie es ist.
Jede bleibt in ihrer Frist.
Große Träume sind vorbei,
sie denkt noch an mancherlei.

**Fragen des Lebens**

Oft ist unsere Lebenskrise eine gute Zeit.
Wir rechnen mit der Kraft der Vergänglichkeit.
Kein Glück bleibt ewig uns beschert.
Kein Unglück, dass uns zu lange währt.
Die Vergänglichkeit ist eine Kraft,
die es schafft.
Die das Herz berührt, bis Ahnung uns erfasst.


**Lebenskrise**

Lebenskrise eine gute Zeit.
Ungenutzt geht sie vorbei,
Beziehung, sie hat keinen Sinn.
Denkt an andre, nicht an ihn.

## Verzweiflung

In der Verzweiflung ist Gott uns nah.
Zeit für den Vater im Himmel ist da.

Gott, der seine Liebe spüren lässt,
Gaben zur Gestaltung eines Fests.
ER will dass es Friedenzeiten sind
die Liebe statt Verzweiflung
zu all den Menschen bringt.

## Steile Hänge des Rheins

Ein Krug kühlen Weins,
von Steilen Hängen des Rheins,

ganz leichte Brise vom Wasser.
Dabei wurden wir alle nasser,

man spürte dann sanft den Föhn,
drum ist es am Rhein so schön.

## Es wurde nicht besser

Durch viele Industrieabwässer,
wurde es durchaus nicht besser.

Rote Farbströme in grauen Fluten,
wollten nach den Gründen suchen.

Fischsterben hieß es für eine Zeit.
Man könne Fotos entwickeln im Rhein.

Fischer gönnten sich keine Ruh,
Rhein zu entgiften und alles im nu.

Das hat in  Eile hat nie geklappt.
Mit Ausdauer hat man es geschafft

drum kann man wieder im Rhein
mit nackte Füßen im Wasser sein

## Nicht zu übersehen

Das Tauwetter auf den
Straßen erkennt man.
Pfützen am Rande
spritzen langsam.
Zugvögel kehren zurück
in verlassene Nester.
Zwitschern um die Wette
wie ein Ochester.
Rufen sich zu, wie
schön alles gewesen.
Vom Besten und Feinsten
war es erlesen.
Ich ahnte gleich, dass der
Frühling es zeigt.
Seine bunte Stimmung,
in der er jetzt bleibt.
Er öffnet im Garten den
bunten Reigen.
Wie zarte Knospen
ihre Köpfe zeigen
Ich warte weil bald
die warmen Strahlen,
der Sonne, dies alles
bunter malen.

**Wunder der Welt**

Es wirkt immer, wie ein Wunder der Welt.
Für die Kräfte, die sie im Dienst erhält.
Für die Hoffnung, die sie zum Ziele trägt,
auf dem schweren Pflegeweg.

Für den Glauben, der sie führt.
und tief im Innern sie berührt.
Entschlossen ihrem Plan,
Es gehe im Leben bergauf und ab.

Sie ist dankbar, für Menschen,
die sie umgeben, sie schätzen
und sie auch verstehn.
Sie führt den Dienst aus
in Liebe und Pflege.
Mit ganzer Kraft, bei Tag und Nacht.

## Wieviel Luxus brauche ich

Eigentlich bin ich glücklich, so wie es ist.
Doch dann leuchtet die Werbung im Licht,
sie will nicht meine Zufriedenheit
ich soll weiterreisen in kurzer Zeit
und ich soll schöner wohnen,
Komfort muss sich lohnen.
Alles  Unsinn sagt die Vernunft,
aber die Werbung wirkt.
Es wäre gut, wenn der Spiegel
meine Schönheit birgt.
Ich werde mir neue Sommerkleider kaufen,
statt ständig in den Jeans rum zu laufen.
Weil ich im Leben mehr stehe und laufe.
Will ich mir noch neue Schuhe kaufen.
Vor dem nächsten Laden bleibe
ich stehn und staune
suche  Modeschmuck aus,
dass bringt mich in Laune.
Wieviel Luxus brauche ich und
denke darüber nach, brauch keine Werbung
bei Tag und bei Nacht.
Ich weiß auch so, was schick und fein.
Ich brauch nur das nötige Geld,
dann find ich alles allein.

## Rosen blühten

Rosenstock auf den Balkon
Knospen werden stärker schon
Sonne, sie verströmt gern Strahlen,
wie der Rosenstock zu malen
man freut sich an der Blütenpracht
die sich wunderbar entfaltet hat.

## Alles was der Frühling zeigt

Langsam kehrt die Freude ein
wieder in die grauen Tage!
Der erste warme Sonnenschein
beseitigt so dann manche Klage.
Leuchtend gelbe Blütensträuße
stehen schon an allen Ecken.
Weit fort in sein kalt Gehäuse
muss der Winter sich verstecken.

Seht, immer grüner wird die Au
und immer bunter wird die Welt.
Schon hängt am Gräslein Tau
und jedes Gärtchen wird bestellt.
Eier Kücken und die Hasen
die demonstrieren Fruchtbarkeit.
Froh die Menschen in den Straßen,
all das gehört zur Osterzeit.

## Wert der Erinnerung

Lebe die Zeit, Sie läuft nie zurück.
Finde oft im Erinnern das Glück.
Beispiele will ich heute dir nennen,
wirst das irgend wie auch  kennen.
Gefühl und Erinnerung in dir ruhn.
Haben mit unserm Innern zu tun.

Fotos frühere Tagen  und Jahre
Kindern, die du in Liebe getragen.
Du spürst sanft Stiche im Nacken.
Oder Du spürst eine Gänsehaut.
Das ist die Seele, die meldet sich
sie hilft dir tragen und sendet Licht

Um mich ist es still geworden,
habe die Seite des Lebens geortet
wo ist geblieben manch schönes Jahr,
unerreichbar und doch so nah.

<Ein Hoch für die Erinnerung,
ich hoff dass mir das heut gelungen>

## Blatt im Wind

Fühlte mich oft, wie ein Blatt im Wind.
Wenn schwere  Stunden zu meistern sind.
Dann spür ich die Trennung auch
ganz nah,
dann ist auch wieder die Sehnsucht da.
Dürft ich mein Leben ganz neu beginnen,
braucht nicht lange darüber zu sinnen.
Die Hälfte der Zeit, würd ich fallen lassen.
Ab vierzig würde ich es wohl fassen.
Fühle mich durch Gottes Gnade, dass ich
auch an schweren Tagen immer wieder wurde
durchgetragen.


## Liebe

Ich will die Fähigkeit nicht verlieren,
mich an kleinen Dingen
zu freuen
und sie für etwas sehr großes
zu sehen.
Es gibt eine Form von Liebe,
die zu keiner Zeit versagt.

## Weißt du

Dass du mein Leben bist
dass ich dein Leben in mir erkenne
dass ich ohne dich nur ein
halbes Leben bin
ich fühle dass du es weißt

## Warum Schreiben

Warum schreibe ich?
Weil ich brauche ein Ventil,
will festhalten, nicht vergessen,
Gedanken, hinauszutragen,
die mich belasten oder befreien.
Meine Gedanken, lernen fliegen,
mich zu beflügeln.
Will  Botschaft noch weitertragen
die Botschaft des Lebens.

Ich schreibe weil mir der Alltag
die Sprache verschlägt.

## Am Wasser

Möwe lauert auf der Mauer
sie erliegt des Sturmes Zauber.
Gönnt sich eine Galgenfrist
bis ihr Hals gewaschen ist


## Warte

Ich bin unterwegs, warte
dass ich zu Hause bin
bin zu Hause warte ihn zu sehen
sehe ihn warte ihn zu spüren
spüren ihn wir leben im Glück
leben im Glück warte dass er bleibt
fahre ihm nach an der Tür ein Zettel
Lese den Zettel,
mir bleibt die Luft weg, ich fagre nach Hause.

## Liebe Evi

Dir gehört heut der Satz,
weil du bist wieder unser Schatz.
Will versuchen jetzt in Versen,
das Gute, dir nicht zu verbergen.
Bin dabei, solange es noch geht.
Schreibe was von Erinnerung lebt.

Kannst lesen, wenn  du es willst.
Siehst im Geiste von dir ein Bild
Welt gehört dem, der sie genießt.
Wir freuen uns, dass es dich gibt.
Verantwortungsvoll du alles trägst,
Tag für Tag, mit Pflichten lebst.

Hast  erkannt wenn die Jahre dahin
Ganzes ergab für dich einen Sinn.
Gott hat dir eine Welt geschenkt,
eine Zeit  ist der heutige Moment.
Es kommt immer darauf an
wie lange es dein Herz noch kann.

## Zum Hohen Geburtstag

Zu dem Anlass ein Buch das könnte passen.
Ich möchte mich überraschen lassen.
keine Melodie ist zu erkennen.
Ich versuch mit Reimen zu nennen.
Das Leben in so langer Zeit,
bin  auch zum Reimen bereit.

Die Nacht ist lang sie ist dunkel.
Am Himmel  keine Sterne funkeln.
Frühmorgens der Tag anbricht,
der Morgen mit dem wahren Licht.
Unser Leben verläuft in Bahnen,
Oft anders als wir es wohl bejahen.

## Auf's Bett geworfen

Als du einst aufs Bett geworfen
schnell erdrückten dich die Sorgen.
Wussten um  Last  einsamer Tage,
wir kamen alle schnell in Rage.

Es kamen Sorgen bis zum morgen,
Träume zerstörten den Schlaf.
Große Ängste uns dann alle traf.
Nicht lange danach kam der Tag,
der allen die argen Worte nahm.

Das freute uns dann sehr.
Traf sich gut und ist nicht mehr.


## Will tanzen

Würde gern tanzen
unter dem Regenbogen
auch hindurchfliegen

## Briefpost

Unter ihrer Post
fand sie einen Brief
ohne Absender
sie kannte die Schrift
ihr wurde das Herz schwer
hat den Brief
noch nicht geöffnet


## Stille

Silbern verzerrt spiegelt das Mondlicht im See.
Es erschallt von weither ein Geplätscher,
Fische springen, sie fangen Fliegen in der
Nacht.

## Hallo Zofia

Heute beginnt Dein Urlaub
ich freu mich sehr,
damit Du mich nicht vergißt
schenke ich Dir ein Gedicht.

Mit Dir an den Sternen vorbei,
jetzt bist Du nicht mehr allein
über die Milchstraße wandern,
mit Dir und keinem andern.

Dieser Traum macht es leicht
wir verlieren die Unendlichkeit.
Glück aus Deinen Augen scheint
bin einfach glücklich und schweig

Lange war es her, sehr lang ist es
lange sahen wir uns nicht mehr
jetzt aber bin ich endlich hier
will mich freuen, nur mit Dir.

## Stille Wasser

laufe am Ufer entlang
spüre sanften Wind
für eine Weile
finde ich Stille
im schlafenden Wind.


## Sternstunden

Es sind die Sternstunden,
die im Leben
unvergessen bleiben,
ich sammle sie,
es sind mehr als ich dachte.


## Liebe Gertrud

Wünsche Dir eine schöne Zeit,
dass alles weiterhin so bleibt.
Gottes Segen Dich geleite,
gesunde Tage Dich begleiten.
Dass Du übers ganze Jahr,
Freude an allem fern und nah.
Danke schön und keine Frage,
vergess die Korona Jahres frist,
liebe Gertrud bleib wie Du bist.

## Kreatur tanzt

Im Sommerwind tanzt alle Kreatur.
die Libelle huscht zur Wasserlilie,
sie ruht sich hier aus,
für den nächsten Flug nach Haus

## Lebensfreude

Meine Lebensfreude ist das Schreiben.
Von Gedanken, die mir bleiben
mich bewegen festzuhalten.
Um dann öfters abzuschalten.

Meine Lebensfreude ist das Lesen,
zu erkennen, was gewesen,
zu erkennen, was wir glauben,
kein Gedankengut wir rauben.

Beide Lebesfreude, die erbauen.
will weiter diesem Weg vertrauen.

# Erfahrung in der Schwesternschaft

Dienste der einzelnen Schwestern,
GuteTeams, keine von gestern.
Pflege haben sie gern übernommen
zum Läuten sind sie schnell gekommen

Essen wurde  pünktlich serviert
Egal wo, Hauptsache platziert.
Mittagsruhe wurde eingehalten,
es galt Ruhestunden zu verwalten.

Sie haben alles gut gemacht,
auch Ideen wurde eingebracht
Jeder liebt einen blauen Himmel,
Spannungen offenbahrt die Sinne,

Freude, was in Jahren geschehen.
hat nicht nur das Eigene gesehen.
Nicht alles gelingt was erwartet,
In Geduld lernt man das Warten.

## Steine

Nichts wird so alt wie Steine.
Im Fluss, wo sie dann abgespült,
bewachsen sich verbinden,
mit grasgrünem Moos.
die untrennbaren Felsmuscheln.
Steine, die besonders schön,
nehme ich in meine Sammlung.


## Das Wort bleibt

Bleibt in Stunden dunkler Nächte,
verzage nicht,
es ist ausgestreut wie Sand am Meer,
bleibt es dir treu.
Wenn das Ziel du nicht erreichst.
Komm  zurück, glaube an dich.
Inseln verschwinden im Meer,
Lava verglüht, freue dich  am Wort
auch im Wechsel der Sterne,
die ausgestreute Saat geht auf.

## Welken

Wollte im Garten einen Baum pflanzen,
der Wurzel und Blätter treibt.
Hatte kein Glück
Warum welkt bei mir alles so schnell?


## Festgehaltene Gedanken

Wir sind glücklich, weil wir alles haben.
Wollen unsere Träume niemals begraben.
Bremsen, das können die anderen tun.
Wir sind jung und aktiv, und wollen nicht ruhn.

## Worte geschehen

-verlieren sich
-bleiben im Hals stecken
-kommen nicht über die Lippen
-gehen nicht aus dem Kopf
-purzeln heraus
-die besser ungesagt
-füllen Bände
-treffen ins Schwarze
-sind ein Schlag ins Gesicht


## Luft will sich zeigen

Sehne mich nach grünen
Feldern und Wiesen
wenn auch Regen fällt
es ist meine Welt

# Lebensentwicklung

Das Leben geht weiter Schritt für Schritt,
Selbständig zu werden, haben alle im Blick.
es geht nicht einfach, von heut auf morgen.
Sie müssen lernen für sich selber zu sorgen.

Sie haben dann alle erfahren,
Höhen und Tiefen zu ertragen,
aber wenn, die Aktiven ohne Rast,
den Passiven werden zu Last
dann wird es schwer,
den andern immer hinterher

Sie haben vor Augen das nahe Ziel
doch kraftlos schaffen viele es nie
Soll ist für uns die Motivasion
Haben  heißt hier Endstation.
Zukunft heißt immer im Soll
dieses Ziel zu erreichen ist toll

## Gedichte

Mögen Blumen für dich blühen
viel gelingen, wenig mühen
die Sonne freundlich auf  dich sehen
Wunder auch für Dich geschehn

Ein frohes Herz, für Dich bewahrt.
Dass der Sturm, an Stürmen spart
Mut sei stets dein bester Freund
Hoffnung, mit dir sich oft vereint


## Sonnenblumen

Möchte stolz und grade
Licht in meinem Herzen tragen.
Den Kopf immer zur Sonne.
Es bleibt ein Traum,
erlebe Sonneblicht kaum.

## Sonnenruhe

Liege eingehüllt in dicker Decke
auf dem Balkon.
Will den Vorfrühling genießen.
Hunde messen freudig bellend
die Wiese.
Werde wach
der Schlaf ist mitgerannt,

## Was ist los

Warum weint sie
es ist der harte Wind
die eisige Kälte
er küsst ihr liebevoll die Tränen

## Glaube an Dich

Gib dich nicht auf, gedulde dich.
der Weg beginnt mit dem ersten Schritt.
Gehe mit dem ersten Schritt auf dich zu.


## Schlafe

Lege mich still zur Ruh,
mache meine Augen zu.
Verschlaf den Übergang.
Erlebe den Tagesanfang.
von gestern und morgen.

Schon kommen die Sorgen.
Ein neuer Tag beginnt,
an dem ich Frieden find.
Leg mich still zur Ruh
schlage mein Buch zu

## Schmetterlinge

Rausch von Gefühlen
wirbelnde Gedanken.
Sie leben 200 Stunden
man meint mal mehr
oder man weiß es nicht.
doch dass es so ist
das sei ganz gewiss.


## Ihre Träume

Die Sonne ging auf,
hinter den hohen Bäumen,
Sie setzte sich darunter
um dann zu träumen.
Dann aber kam die Sonne,
und kitzelte ihre Nase.
Das schlug dann kräftig auf die
empfindliche Blase.

## Vorbei

Vorbei, kann das Ganze nicht fassen.
Sollte die Gedanken daran doch lassen.
Warum scheint unsere Zeit vorbei?
Der Glaube an die Liebe brach entzwei,
was geschehen ist, mein Herz nicht verzeiht
Das Erlebte nachts im Traum laut schreit.

Margot Weinand

1933 in Essen geboren
1939 Einschulung Volksschule, nach Erfüllung
achtes Schuljahr
Soziales Pflichtjahr.
1948 Lehre mit Abschluss
Kaufmannsgehilfenbrief.
Berufstätigkeit&Weiterbildung
Handelsschule Stenografie& Schreibmaschine
1958 Selbständig im Schreib&Spielwaren
Geschäft.
1965 Heirat
1971 Berufsbegleitende pädg.    Ausbildung-
Abschluß Heimerzieherin
1973 Berufung in die Jugendhilfe
zwölf Jahre imGruppendienst
dreizehn Jahre    Heimleiterin
1999 Ruhestand
zwei verheiratete Kinder
drei Enkelkinder
seit dem Ruhestand schreibe ich
Gedichte des Alltags.
und Kurzgeschichten

Bin Mitglied des Autorenkreises Neukirchen-
Vluyn Seit 2003
Seit 2012 Witwe
von 2014 bis 2019 bei meiner
Tochter auf der schwäbischen
Alb.
Seit 2019 wohne ich im
Math. Jorissenhaus in Neukirchen.